지도 읽기

- ● 시청
- ● 군청
- ▣ 특별·광역 시청, 도청
- ━━ 고속국도
- ━━ 도로
- ╌╌ 고속철도
- ┼┼┼┼ 철도
- ⬭ 국립공원
- ✈ 공항
- ⚓ 항구
- ▲ 산
- 🏖 해수욕장

한눈에 펼쳐보는
우리나라 지도 그림책

글 민병준 | 지도 최선웅 | 그림 구연산

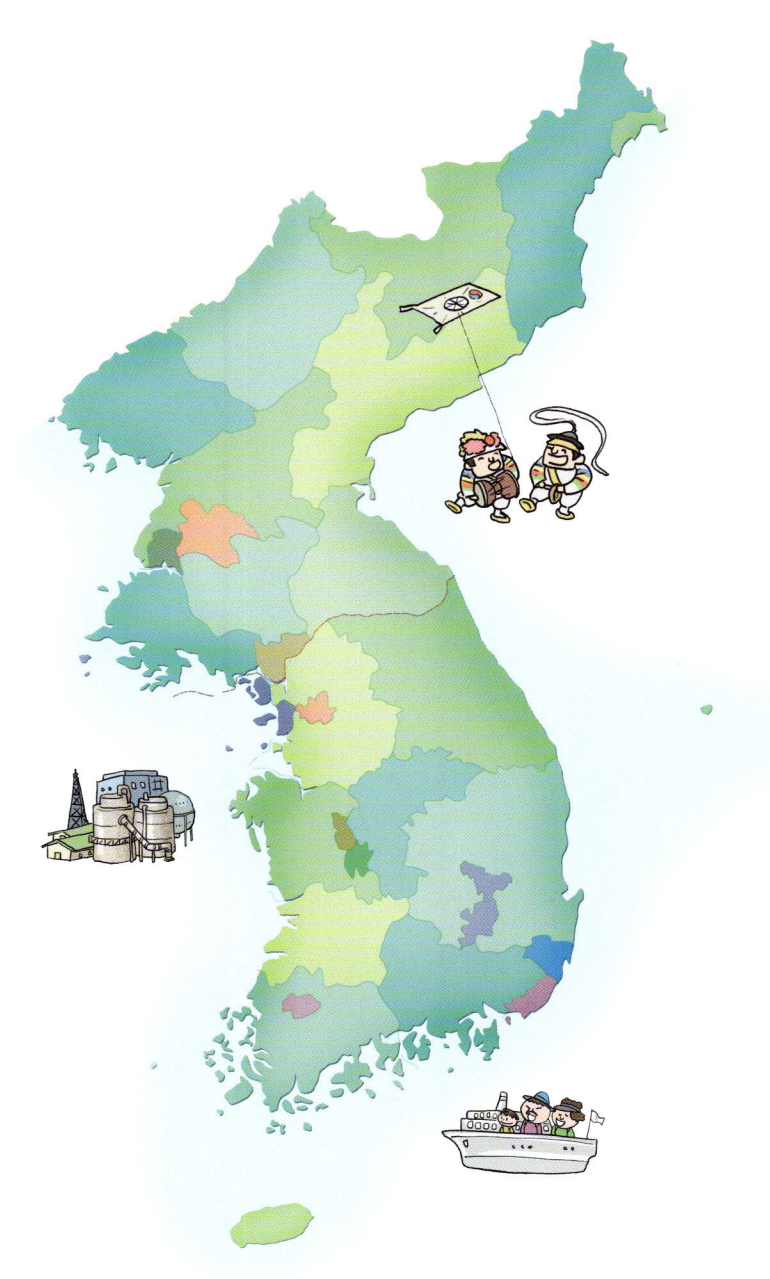

차례

- **4 서울특별시** | 자랑스러운 대한민국의 수도
- **6 경기도** | 서울과 지방을 연결하는 한반도의 중심
- **8 강원특별자치도** | 높은 산이 많은 관동 지방
- **10 충청북도** | 유일하게 바다에 접하지 않은 내륙 지방
- **12 충청남도** | 부드럽고 우아한 백제 문화를 간직한 지방
- **14 전북특별자치도** | 호남평야를 거느린 전통 문화의 지방
- **16 전라남도** | 천년의 맛과 멋을 지닌 역사의 고장
- **18 경상북도** | 신라의 역사와 문화를 간직한 지방
- **20 경상남도** | 철기 문화가 꽃피었던 가야의 옛 땅

- **22 제주특별자치도** | 세계자연유산으로 지정된 가장 큰 섬
- **24 부산광역시** | 환태평양 시대의 대한민국 최대의 해양 도시
- **26 인천광역시** | 동북아시아 중심으로 우뚝 선 국제 도시
- **28 대구광역시** | 대한민국 근대화를 이끈 영남의 중심 고장
- **30 광주광역시** | 전라 지방의 중심이자 문화 예술의 고장
- **32 대전광역시** | 한밭이라 불리던 교통과 물류의 중심 도시
- **34 울산광역시** | 우리나라를 대표하는 산업 도시
- **36 북한** | 평화 통일로 하나가 되어야 할 한반도의 반쪽

우리나라 구석구석 재미있는 국토 여행을 떠나요! 출발~

- **38 한눈에 펼쳐보는 우리나라**
- **40 찾아보기**

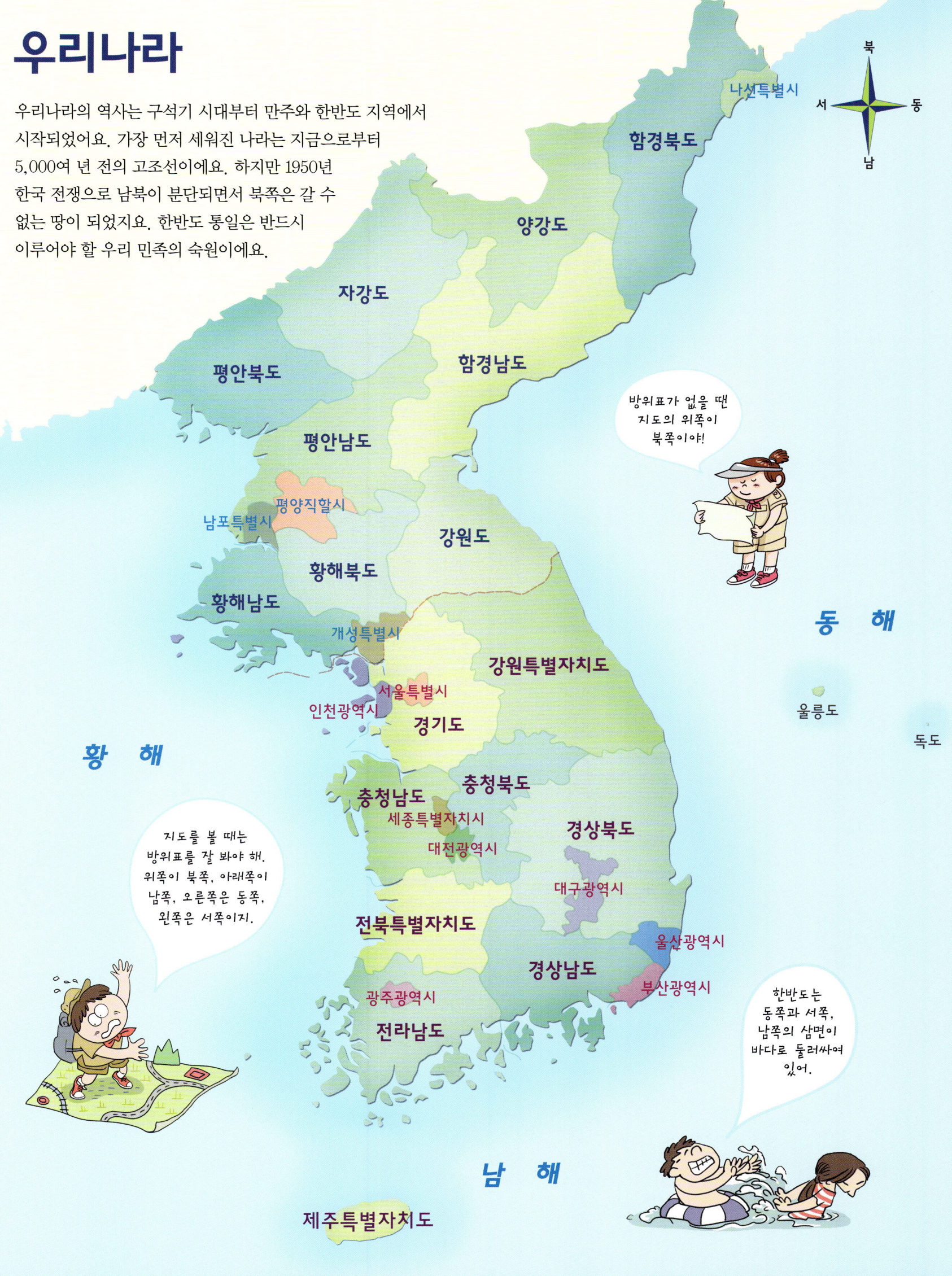

총 면적 | 605km²
인구 수 | 933만 6천 명
행정 구역 | 25개 구, 426개 동
시청 소재지 | 서울 중구

서울특별시

서울특별시는 대한민국의 수도이자 가장 큰 도시이며 인구가 제일 많은 도시예요. 서울은 조선 500년의 도읍지로 왕궁을 비롯한 많은 문화유산을 간직하고 있어요. 지금은 대한민국의 정치, 경제, 사회, 문화의 중심지로 전통과 현대가 잘 어우러진 세계적인 도시이지요.

문화유산	축제
서울 암사동 유적 강동구	궁중 문화 축전 서울 5대 궁궐, 종묘 봄, 가을
북한산 신라 진흥왕 순수비 국립중앙박물관	종묘 대제 종로구 5월
풍납토성 송파구	한성 백제 문화제 송파구 9~10월
창덕궁, 종묘 종로구	서울 거리 예술 축제 서울 광장 외 9~10월
선릉 강남구	서울 국제 공연 예술제 서울 일대 공연장 10월
남산골 한옥마을 중구	서울 세계 불꽃 축제 여의도 10월

조선의 도읍지였던 서울

고려 말에 실권을 잡은 이성계는 새 왕조인 조선을 건국하고, 도읍을 개경(지금의 개성)에서 한양(지금의 서울)으로 옮겼어요. 도읍을 옮긴 날이 1394년 10월 28일이며, 서울시는 매년 10월 28일을 서울 시민의 날로 정해 기념하고 있어요.

"이제부터 우리나라는 조선이니라!" 한양

조선 시대 최초로 지은 궁궐 경복궁

경복궁은 태조 때 세워진 조선 왕조의 첫 궁궐이에요. 정문인 광화문, 왕의 즉위식이나 공식 행사가 열렸던 근정전, 나라에 경사가 있거나 사신이 왔을 때 연회를 열던 경회루 등 많은 문화재가 남아 있어요.

우리나라의 대표적인 국보 숭례문

한양을 둘러싼 성을 쌓으면서 네 개의 문(사대문)을 세웠어요. 동쪽의 흥인지문(동대문), 서쪽의 돈의문(서대문), 남쪽의 숭례문(남대문), 북쪽의 숙정문(북대문)이었지요. 그중 가장 큰 문이었던 숭례문은 화재 사건으로 소실되었다가 2013년에 복원되었어요.

서울의 대표적인 북한산과 한강

북한산(836m)은 서울에서 가장 높고 웅장한 산이에요. 최고봉인 백운대를 비롯해 인수봉, 만경대의 세 봉우리가 뿔처럼 솟아 있어 조선 시대에 '삼각산'이라고 불렀지요. 한강은 북한강과 남한강이 만나 하나가 된 강으로 서울을 가로지르고 있어요.

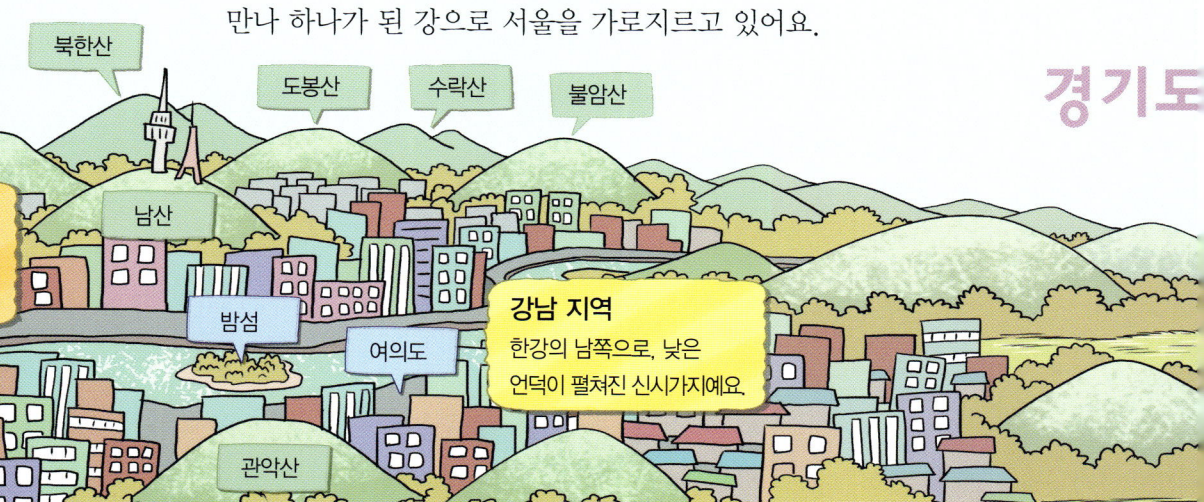

경기도

총 면적 | 1만 201km²
인구 수 | 1,369만 9천 명
행정 구역 | 28개 시, 3개 군
도청 소재지 | 수원시

우리나라 중서부에 위치한 경기도는 서울을 중심으로 수도권을 형성하고 있어요. 고려 시대 왕도의 외곽 지역을 '경기'라고 불렀고, 조선 태종 때 '경기도'라고 칭하게 되었어요. 조선 시대에는 한양과 가까워서 정치나 군사적으로 매우 중요한 지역이었으며, 왕릉과 산성이 많이 남아 있어요.

문화유산	축제
연천 전곡리 유적 연천군	이천 도자기 축제 이천시 4~5월
하남 미사리 유적 하남시	다산 정약용 문화제 남양주시 10월
남한산성 광주시	안성맞춤 남사당 바우덕이 축제 안성시 10월
행주산성 고양시	이천쌀 문화 축제 이천시 10월
동구릉 구리시	율곡 문화제 파주시 10월
영릉 여주시	정조 효 문화제 화성시 10월

섬, 만, 반도가 발달된 해안

경기도의 해안선은 굴곡이 심하고 길이도 길어요. 또 썰물과 밀물이 드나드는 차이가 심해 갯벌의 면적이 아주 넓지요. 경기만은 강화도와 인천 국제공항이 있는 영종도, 대부도 등 크고 작은 섬이 200여 개나 있어 '경기의 다도해'라고 불려요.

바다를 둑으로 막아 육지로 만드는 간척 사업을 벌였어요.

경기도에 분포하는 **위성도시와 신도시**

경기도는 서울특별시와 인천광역시를 둘러싸고, 함께 수도권을 형성하고 있어요. 수도권에는 고양시를 비롯해 의정부시, 성남시, 광주시, 과천시, 안양시, 광명시, 부천시 등의 위성 도시들이 대도시의 기능을 분담하고 있으며, 그 외 지역 개발과 인구 분산을 목적으로 일산, 분당, 중동, 평촌, 산본 등의 신도시가 개발되었어요.

경기도의 신도시: 1기 신도시, 2기 신도시, 3기 신도시

세계문화유산으로 지정된 **수원 화성**

수원 화성은 조선 시대에 정조가 그의 아버지 사도세자의 묘를 수원으로 옮기면서 쌓은 성이에요. 화성은 지형을 살려 쌓은 성으로 4개의 성문과 망루, 포루, 장대 등을 갖췄어요. 성을 지을 때 정약용이 거중기를 만들어 무거운 돌을 들어 올렸대요.

광주, 이천, 여주에서 열리는 **도자기 축제**

세계적으로 유명한 조선 백자의 대부분은 경기도 광주와 이천, 여주에서 만들었어요. 세 고장은 이를 널리 알리기 위해 매년 도자기 축제를 열고 있지요. 축제에서는 도자기를 굽는 모습도 보고, 직접 도자기를 빚어 볼 수도 있어요.

강원특별자치도

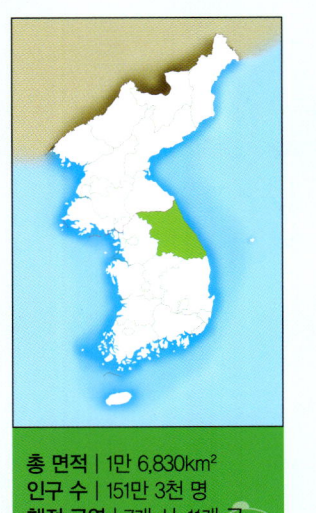

총 면적 | 1만 6,830km²
인구 수 | 151만 3천 명
행정 구역 | 7개 시, 11개 군
도청 소재지 | 춘천시

강원특별자치도는 남북으로 태백산맥이 뻗어 있어 대부분 산악 지대로 이루어져 있어요. 우리나라에서 유일하게 대도시가 없지만, 전국에서 자연환경과 생태계가 가장 잘 보존된 지역으로 국립공원과 유명한 관광지가 많아요. 고속도로와 고속철도가 건설되어 교통도 편리해졌어요.

문화유산	축제
양양 오산리 유적 양양군	동해 해맞이 축제 동해시 1월
평창 월정사 팔각 구층 석탑 평창군	인제 빙어 축제 인제군 1월
상원사 동종 평창군	눈꽃 축제 평창군, 태백시 1~2월
낙산사 양양군	효석 문화제 평창군 9월
강릉 임영관 삼문 강릉시	양양 송이 연어 축제 양양군 10월
장릉 영월군	정선 아리랑제 정선군 10월

우리나라 최대의 산악 지대

강원도는 전체 면적의 약 80% 이상이 산악 지대예요. 강원도에서 가장 높은 산은 설악산(1,708m)으로 한라산과 지리산 다음으로 높아요. 강원도처럼 지대가 높고 서늘한 곳에서는 고랭지 농업이 발달해 있어요.

영동과 영서, 관동 지방

강원도는 태백산맥을 중심으로 영서 지방과 영동 지방으로 나누어져요. 관동 지방은 철령관(북한 강원도 회양군과 고산군 사이에 위치한 고개인 '철령'을 지키던 성채)의 동남쪽 강원도 일대를 가리키는 말로, 우리나라의 전통적인 지역을 구분하는 용어예요.

율곡 이이가 태어난 강릉 오죽헌

조선 시대의 학자 율곡 이이는 외갓집인 강릉 오죽헌에서 태어났어요. 신사임당이 율곡을 낳기 전에 용꿈을 꾸었다는 방은 몽룡실로 불리며, 조선 초기의 건축물로 유명하지요. 뒤뜰에는 줄기가 검은 대나무(오죽)가 자라고 있는데, 이 때문에 오죽헌이라는 이름이 붙었어요.

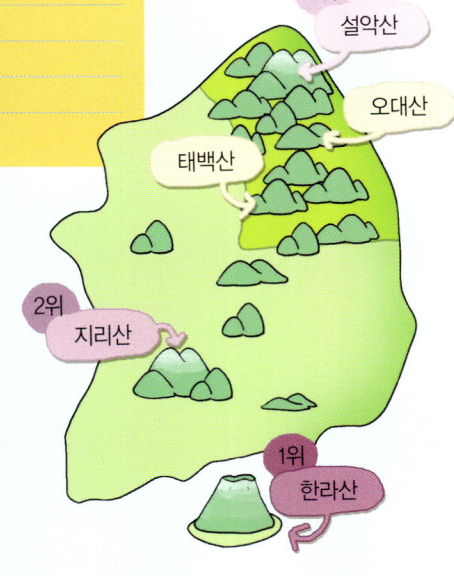

바다와 민물이 만든 호수 석호

석호는 파도나 조류, 바람에 의해 모래가 둑처럼 길게 쌓이면서 만의 입구를 막아 생긴 자연 호수예요. 강원도 해안가에는 고성의 화진포와 송지호, 속초의 영랑호, 강릉의 경포호 등 8개의 대표적인 석호가 있어요.
석호는 흑고니, 가시고기 등 멸종위기종과 남생이, 큰고니 등 천연기념물의 서식지로 생태계의 보고이기도 해요.

충청북도

총 면적 | 7,407km²
인구 수 | 159만 명
행정 구역 | 3개 시, 8개 군
도청 소재지 | 청주시

우리나라 중앙부에 위치하는 충청북도는 유일하게 바다가 없는 내륙도예요. 고려 공민왕 때 충주와 청주의 머리글자를 따서 충청도가 되었고, 1896년에 충청북도가 되었어요. 예로부터 경치가 아름답고 인심이 좋으며, 한국 3대 악성인 우륵과 박연, 조선의 대학자 송시열 등 뛰어난 인물이 많이 배출되었어요.

경기도

문화유산	축제
충주 고구려비 충주시	영동 곶감 축제 영동군 1월
충주 탑평리 칠층 석탑 충주시	제천 청풍호 벚꽃 축제 제천시 4월
보은 법주사 팔상전 보은군	직지 문화 축제 청주시 9월
삼년산성 보은군	청주 공예 비엔날레 청주시 9~11월
온달산성 단양군	영동 난계 국악 축제 영동군 10월
탄금대 충주시	단양 온달 문화 축제 단양군 10월

진천군

유일하게 바다가 없는 도

충청북도는 한반도의 중부 지방에 있으며, 우리나라에 있는 도 중에서 유일하게 바다에 접하지 않아요. 동쪽에는 높은 산줄기가 솟아 있고, 서쪽으로는 남한강과 금강 유역에 넓은 평야 지대가 펼쳐져 있어요.

직지문화축제

경상도와 한양을 잇던 문경새재

조선 시대에 한양과 경상도 지방을 잇는 고개들이 여럿 있어요. 그중 문경새재에는 선비들이 한양으로 과거를 보기 위해 다녔던 과거 길이 남아 있지요. '새재'라는 이름은 새들도 넘기 어려운 험한 고개, 억새가 많은 고개, 한양 가는 샛길 등을 뜻해요.

세계 최초의 금속 활자본 《직지심체요절》

고려 우왕 때인 1377년 청주 흥덕사에서 금속 활자로 인쇄된 불교 서적인 《직지심체요절》(줄여서 '직지'라고 부르기도 해요)은 세계에서 가장 오래된 금속 활자 인쇄본으로, 2001년 9월 유네스코 세계기록유산으로 지정되었어요. 하지만 안타깝게도 직지는 현재 프랑스 국립 도서관에 보관되어 있어요. 청주 고인쇄박물관에 가면 고려의 금속 활자 인쇄술과 직지에 관한 자료를 볼 수 있어요.

충청남도

대전광역시

착한 소나무 정이품송

세조가 법주사로 가던 길이었어요. 길가에 가지를 늘어뜨린 소나무가 있어서 가마가 지나가기 힘들었지요.

그때였어요. 소나무가 임금님이 지나가도록 스스로 가지를 들어 올렸지요.

이 일이 있은 후 세조는 착한 소나무에게 정이품이라는 높은 벼슬을 내렸어요.

현재 소나무의 나이는 600살 정도가 되었으며, 천연기념물로 보호하고 있어요.

충청남도

총 면적 | 8,247km²
인구 수 | 213만 5천 명
행정 구역 | 8개 시, 7개 군
도청 소재지 | 충남 홍성군

우리나라 중서부에 위치하는 충청남도는 서쪽이 황해에 접해 있어요. 고려 공민왕 때 충주와 청주의 머리글자를 따서 충청도가 되었고, 1896년에 충청남도가 되었어요. 삼국 시대에는 백제의 땅으로, 수도였던 공주와 부여에는 백제 문화를 한눈에 볼 수 있는 문화 유적이 많이 분포되어 있어요.

문화유산	축제
서산 용현리 마애여래 삼존상 서산시	한산 모시 문화제 서천군 6월
부여 정림사지 오층 석탑 부여군	보령 머드 축제 보령시 7~8월
궁남지 부여군	청양 고추 구기자 문화 축제 청양군 8~9월
무령왕릉 공주시	금산 세계 인삼 축제 금산군 9월
예산 수덕사 대웅전 예산군	백제 문화제 공주시, 부여군 10월
해미읍성 서산시	서산 버드랜드 철새 기행전 서산시 10월

사대부가 많이 살았던 **내포 지방**

'내포'는 예로부터 황해에 인접해 포구가 발달한 충청남도 서북부 (태안, 서산, 당진 등) 지역이에요. 산이 험하지 않고 평야가 넓으며 바다가 있어 농수산물이 풍부하고 인심이 좋아요. 조선 시대 이중환이 쓴 『택리지』에는 "내포가 충청도에서는 가장 좋은 곳이다"라고 나와 있어요.

운하 작업으로 섬이 된 **안면도**

충청남도에서 가장 큰 섬인 안면도는 원래 육지였어요. 그런데 조선 시대인 1638년 땅을 파내고 바다를 연결하는 운하 작업을 하면서 섬이 되었지요. 지금은 그 이후에 만든 다리로 육지와 연결되어 있어요.

서울과 지방을 잇는 **삼남의 관문**

충청남도는 한양과 삼남(충청도, 전라도, 경상도)을 연결하는 교통의 중심지로 흔히 '삼남의 관문'이라고 불렀어요. 지금도 서울과 지방을 잇는 주요 고속국도가 연결되어 있어 옛 명성을 이어 가고 있지요.

백제 문화의 우수성을 보여 주는 **무령왕릉**

공주시에 위치한 무령왕릉은 백제 제25대 무령왕과 왕비의 능이에요. 왕릉은 연꽃무늬 벽돌로 쌓은 벽돌무덤으로, 그 안에서 금으로 된 왕관 장식과 금귀고리, 청동 거울 등 각종 유물 4,600여 점이 나왔어요. 현재 대부분의 유물은 국립 공주 박물관에 가면 볼 수 있어요.

청동 신수경(청동거울)　왕 금제 관 장식

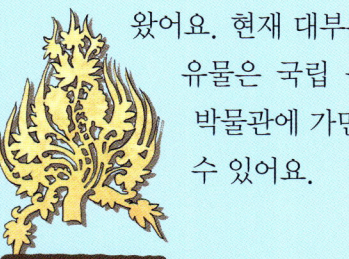

전북특별자치도

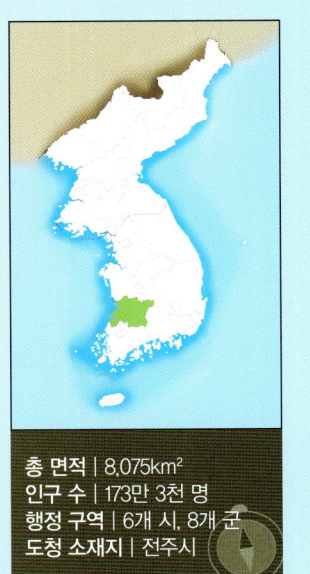

총 면적 | 8,075km²
인구 수 | 173만 3천 명
행정 구역 | 6개 시, 8개 군
도청 소재지 | 전주시

우리나라 남서쪽에 위치한 전북특별자치도는 지평선을 볼 수 있는 넓은 평야가 있어요. 고려 헌종 때 전주와 나주의 머리글자를 따서 전라도가 되었고, 1896년에 전라북도가 되었다가 2024년에 전북특별자치도가 되었어요. 지형적으로 동쪽은 산이 많고 서쪽은 낮은 평야 지대로, 쌀의 주요 산지인 호남평야는 우리나라 농업의 상징이에요.

문화유산	축제
고창 고인돌 유적 고창군	남원 춘향제 남원시 5월
김제 벽골제 김제시	전주 대사습 놀이 전주시 5~6월
논개사당 장수군	전주 세계 소리 축제 전주시 8월
김제 금산사 미륵전 김제시	무주 반딧불 축제 무주군 9월
내소사 부안군	김제 지평선 축제 김제시 10월
광한루원 남원시	고창 모양성제 고창군 10월

우리나라에서 가장 넓은 **호남평야**

호남평야는 만경강과 동진강을 중심으로 김제시, 전주시, 군산시, 부안군 등 7개 시군에 걸쳐 있는 우리나라 최대의 평야예요. 옛날 이 비옥한 땅에 물을 대려고 지은 김제 벽골제는 우리나라에서 가장 오래된 저수지이지요.

바다와 평야, 산 등 풍부한 관광 자원

서쪽 평야 지대에는 김제 벽골제, 금산사, 정읍 황토현 전적지, 내장사, 고창 고인돌, 선운사가 있어요. 동쪽 산악 지대에는 무주 덕유산과 진안 마이산 등이 있고, 해안가의 변산 반도는 격포 채석강, 내소사, 직소폭포 등의 경치가 뛰어나 '변산 반도 국립공원'으로 지정되었지요.

우리나라에서 가장 오래된 석탑, **미륵사지 석탑**

익산에는 우리나라 석탑 중 가장 크고 오래된 미륵사지 석탑이 있어요. 백제 무왕 때 세워진 것으로 알려진 백제 최대 사찰이었던 미륵사 터에 있는 탑으로, 원래는 9층으로 추정되지만 현재는 6층까지만 남아 있어요. 2009년 탑을 수리하던 중 발견된 기록에서 639년(무왕 40년)에 왕후가 왕실의 안녕을 기원하며 탑을 세웠다는 것이 밝혀졌어요.

가을에 열리는 **김제 지평선 축제**

호남평야에 있는 김제는 우리나라에서 유일하게 지평선을 볼 수 있는 고장이에요. 드넓은 평야에서 벼가 누릇누릇 익어 가는 가을날에 감상하는 황금빛 지평선은 정말 장관이지요. 매년 10월에 열리며, 다양한 농촌 문화 체험을 즐길 수 있어요.

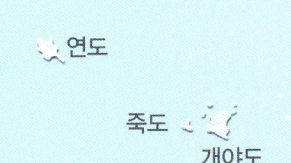

황해

군산항 군산시
비응도
군산공항
말도 명도 방축도 횡경도
새만금간척지 (공사중)
고군산군도 선유도 야미도 김 신시도
관리도 무녀도
백합
두리도 청호저수지
비안도 변산반도 국립공원
파도에 의해 깎인 절벽이 아름다워~
위도 쌍선봉 459
채석강 직소폭포 내소사
곰소만
햇빛과 바람으로 바닷물의 수분을 증발시키면 천일염이 돼.
천일염
경수산 444 선운산 336 김
고창고인돌 유적
구시포해수욕장
선운사 동백꽃축제 고창군
복분자

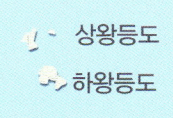

상왕등도
하왕등도

똑똑해지는 한국지리 퀴즈

01 _ 전북자치도에 있는 우리나라에서 가장 넓은 평야는 어디인가요?
02 _ 우리나라에서 가장 오래된 석탑의 이름은 무엇인가요?
03 _ 성 춘향과 이 도령이 처음 만났다고 전해 오는 정원은 어디인가요?
04 _ 옛 사람들은 농사를 짓는 데 저수지를 만들어 사용했어요. 우리나라 최초의 저수지인 이곳은 어디인가요?
05 _ 두 개의 봉우리가 말의 귀를 닮아서 붙여진 산의 이름은 무엇인가요?

정답 : 01_호남평야 / 02_미륵사지 석탑 / 03_광한루원 / 04_김제 벽골제 / 05_마이산

전라남도

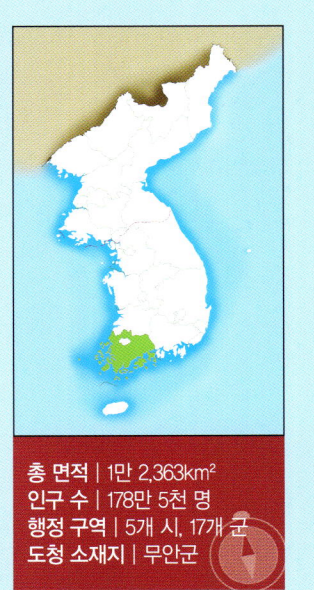

총 면적 | 1만 2,363km²
인구 수 | 178만 5천 명
행정 구역 | 5개 시, 17개 군
도청 소재지 | 무안군

우리나라 남서쪽 끝에 위치한 전라남도는 서쪽은 황해, 남쪽은 남해에 접해 있어요. 해안은 드나듦이 심한 리아스식 해안으로 만과 반도가 많고, 섬 또한 전국에서 가장 많아요. 옛날부터 남도 문화를 꽃피운 예술의 고장으로 많은 문화유산을 간직하고 있지요.

문화유산	축제
화순 고인돌 유적 화순군	강진 청자 축제 강진군 2~3월
해남 우항리 공룡 화석지 해남군	함평 나비 대축제 함평군 4~5월
화엄사 구례군	고흥 우주 항공 축제 고흥군 5월
강진 정약용 유적(다산초당) 강진군	완도 장보고 수산물 축제 완도군 5월
소쇄원 담양군	여수 거북선 축제 여수시 5월
낙안읍성 순천시	명량 대첩 축제 해남군 10월

우리나라에서 섬이 가장 많은 **섬의 왕국**

전라남도에는 2,000여 개의 섬이 있어요. 섬의 아름다운 경치와 자연 생태계를 보호하기 위해 이 지역을 '다도해 해상 국립공원'으로 지정했지요.

바닷길이 갈라지는 현대판 **모세의 기적**

진도는 매년 음력 3월 초와 보름 무렵이면 바닷물이 갈라지는 기적이 일어나요. 이것은 바닷물이 제일 많이 빠져나가는 썰물 때 바다 속 갯벌이 완전히 드러나는 현상이지요. 신비의 바닷길은 '한국판 모세의 기적'이라 하여 세계적으로 유명해요.

해남에서 온성까지 **삼천리 금수강산**

해남군의 땅끝마을은 한반도 육지에서 가장 남쪽에 있는 마을이에요. 그리고 한반도의 가장 북쪽은 함경북도 온성이지요. '삼천리 금수강산'이라고 하면 해남에서 서울까지 1,000리, 서울에서 온성까지 2,000리를 합해서 부르는 말이에요.

세계적인 리아스식 해안

남해안과 서해안은 굴곡이 심하고 복잡한 리아스식 해안이에요. 특히 전라남도의 해안은 황해와 남해에 접해 있기 때문에 우리나라에서 해안선이 가장 길고 갯벌도 가장 넓어요.

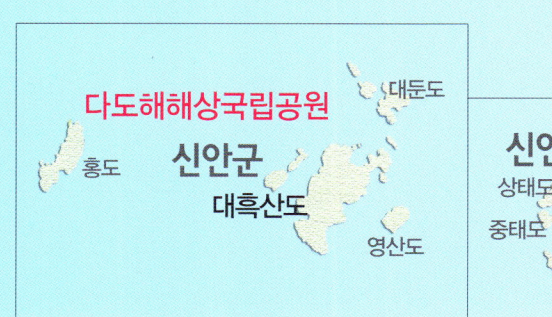

총 면적 | 1만 8,428km²
인구 수 | 252만 3천 명
행정 구역 | 10개 시, 12개 군
도청 소재지 | 안동시

경상북도

우리나라 남동쪽에 위치한 경상북도는 면적이 가장 넓은 광역자치단체예요. 경주는 신라 천 년의 도읍지로 세계적인 문화유산이 많고, 포항과 구미에는 국가 산업 단지가 조성되어 있어요. 2023년 7월부터 군위군이 대구광역시에 편입되었어요.

문화유산	축제
안동 봉정사 극락전 안동시	고령 대가야 축제 고령군 3~4월
영주 부석사 무량수전 영주시	문경 찻사발 축제 문경시 4~5월
울진 봉평리 신라비 울진군	안동 국제 탈춤 페스티벌 안동시 9~10월
소수 서원 영주시	풍기 인삼 축제 영주시 10월
도산 서원 안동시	보현산 별빛 축제 영천시 10월
호미곶 등대 포항시	신라 문화제 경주시 10월

세계문화유산 경주 역사 유적지구

경주는 천 년 가까이 신라의 도읍지였어요. 그래서 경주에는 불국사와 석굴암, 동양에서 가장 오래된 천문대인 첨성대 등 세계적인 문화유산이 많아요. 경주는 유적의 분포에 따라 5개 지구로 나뉘어져요.

하회탈로 유명한 안동 하회 마을

안동 하회 마을은 풍산 유씨들이 모여 살고 있는 전통 마을이에요. 마을 이름은 낙동강이 마을을 감싸고 흐르는 것에서 유래되었는데, 강을 뜻하는 '하', 굽이 돈다는 뜻의 '회'를 더해서 '하회'라는 이름이 붙었지요. 하회 마을에 전해 오는 하회 별신굿 탈놀이가 유명해요.

독도는 우리 땅

우리나라 동쪽 끝에 있는 독도는 해저에서 화산 폭발로 분출한 용암이 굳으면서 생긴 화산섬이에요. 통일 신라 때부터 오늘날까지 우리나라의 국토지요. 하지만 일본 사람들은 독도를 자기네 땅이었다고 우기고 있어요.

경상남도

우리나라 남동쪽 끝에 위치한 경상남도는 옛날 가야 문화의 중심지였어요. 남쪽은 아름다운 남해에 접해 있어 전체가 해상 국립공원을 이루고 있지요. 또한 창원은 세계적인 첨단 기계 산업 단지에서 미래 지향적인 방위 산업과 원자력 산업으로 발돋움하고 있어요.

총 면적 | 1만 542km²
인구 수 | 321만 9천 명
행정 구역 | 8개 시, 10개 군
도청 소재지 | 창원시

문화유산	축제
김해 구지봉 김해시	보물섬 미조항 멸치 축제 남해군 5월
산청 전 구형왕릉 산청군	밀양 아리랑 대축제 밀양시 5월
쌍계사 하동군	거제 옥포 대첩 축제 거제시 6월
함양 상림 함양군	통영 한산 대첩 축제 통영시 8월
촉석루 진주시	진주 남강 유등 축제 진주시 10월
통영 세병관 통영시	경남 고성 공룡 세계 엑스포 고성군 10~11월

아름다운 뱃길 한려수도

남해에 있는 한려 해상 국립공원은 경치가 아름다워요. 또 거제도, 남해도, 여수의 오동도 등 유명한 섬도 많지요. '한려 해상'은 한산도에서 여수까지 300리의 아름다운 뱃길을 말하는 '한려수도'에서 유래되었어요.

경상도와 전라도가 만나는 화개장터

하동의 화개장터는 경상도와 전라도 사람들이 만나는 유명한 5일장이에요. 장날이면 지리산 쪽에 사는 하동 사람들은 감자와 약초, 산나물 등을 팔았어요. 또 여수, 광양, 통영 등에서는 배를 타고 섬진강을 거슬러 올라와 바다에서 잡은 수산물을 팔았지요.

세계 3대 공룡 발자국 화석지

고성군 전 지역에서 발견된 공룡 발자국 화석은 5,000개가 넘어요. 옛날 한반도에는 여러 종류의 공룡이 살았는데, 당시 남해안은 바다가 아닌 거대한 호수였다고 해요. 여기에 살던 공룡들의 발자국이 진흙에 찍히면서 화석으로 남게 되었지요.

세계기록유산 해인사 대장경판

해인사에 있는 '팔만대장경'은 고려 시대 불경을 집대성한 것으로, 정식 명칭은 '고려대장경'이에요. 팔만대장경 목판은 국보와 세계기록유산으로 지정되었어요. 또한 대장경판을 보관하고 있는 건물인 해인사 장경판전은 목판이 썩지 않도록 과학적으로 지어진 건물로, 역시 세계문화유산으로 지정되었어요.

제주특별자치도

총 면적 | 1,850km²
인구 수 | 66만 8천 명
행정 구역 | 2개 시
도청 소재지 | 제주시

제주도는 우리나라에서 가장 큰 섬이에요. 광복 전까지 행정 구역이 전라남도에 속했으나 1948년 제주도로 승격되고, 2006년에 제주특별자치도가 되었어요. 제주도는 화산 활동으로 만들어진 섬으로 제일 높은 한라산을 중심으로 기생 화산이 360여 개나 솟아 있어요.

문화유산	축제
제주 관덕정 제주시	겨울 바다 국제 펭귄 수영 대회 서귀포시 1월
제주목 관아 제주시	제주 들불 축제 제주시 3월
서귀포 김정희 유배지 서귀포시	서귀포 유채꽃 축제 서귀포시 3~4월
제주 불탑사 오층 석탑 제주시	서귀포 칠십리 축제 서귀포시 10월
삼성혈 제주시	제주 올레 걷기 축제 제주시 11월
성읍 마을 서귀포시	제주 국제 감귤 박람회 서귀포시 11월

제주도의 특산물 감귤

따뜻한 곳에서 잘 자라는 감귤은 남해안 지역에서도 기르지만 역시 제주도가 으뜸이지요. 제주도는 빗물이 잘 빠지는 현무암 지대라서 논이 거의 없고, 낮은 지대를 중심으로 밭과 과수원이 많아요. 이곳에 주로 감귤을 심어 기르고 있지요.

바닷속에서 해산물을 채취하는 해녀

해녀는 바닷속에서 해삼과 전복, 미역 등을 따는 일을 하는 여성을 말해요. 잠수복을 입고 거친 파도가 넘실대는 바닷속으로 들어가 일을 하지요. 유네스코에서는 제주 해녀 문화를 인류무형문화유산으로 지정했어요.

제주의 상징 돌하르방

한라산, 감귤과 함께 제주의 상징으로 알려진 돌하르방은 '돌로 만든 할아버지'란 뜻이에요. 육지의 장승과 비슷한 마을 지킴이이지요. 조선 시대에 성문 앞과 마을 입구에 돌하르방을 한 쌍씩 세웠는데, 현재 총 45기가 문화재로 지정되어 보호받고 있어요.

특이하고 재미있는 제주도 방언

제주도는 육지에서 멀리 떨어져 있고 주변 나라의 외래어 영향으로 말이 우리나라에서 가장 특이해요. 제주도 말로 할아버지는 '하르방', 할머니는 '할망', 아버지는 '아방', 어머니는 '어멍'이라고 해요. 또 고맙습니다는 '고맙수다', 빨리 오세요는 '혼저 옵서', 매우 수고하셨습니다는 '폭싹 속앗수다' 라고 하지요.

폭싹 속앗수다~

세계에서 가장 길고 미로가 많아.

우리나라에서 가장 남쪽에 있는 섬이야.

부산광역시

총 면적 | 771km²
인구 수 | 325만 9천 명
행정 구역 | 15개 구, 1개 군
시청 소재지 | 부산 연제구

부산광역시는 우리나라 제2의 도시이자, 우리나라 최대의 해양 도시예요. '부산'은 '가마솥을 엎어 놓은 모양의 산'이라는 뜻으로 산이 많지만, 지리적으로는 동해와 남해에 접해 있어 옛날부터 해양 도시로 해상 무역과 물류 산업이 발달했어요.

문화유산	축제
부산 동삼동 패총 영도구	해운대 모래 축제 해운대구 5월
부산 범어사 삼층 석탑 금정구	부산 국제 어린이 청소년 영화제 해운대구 7월
금정산성 금정구	부산 바다 축제 부산 일대 해수욕장 7~8월
동래읍성지 동래구	부산 비엔날레 부산 일대 전시장 짝수년 8~10월
충렬사 동래구	부산 자갈치 축제 중구 10월
태종대 영도구	부산 국제 영화제 해운대구 10월

국내 최대의 항구 부산항

부산항은 1876년에 '부산포'라는 이름으로 개항한 우리나라 최초의 무역항이에요. 국내 최대의 무역항이며 세계적으로도 손꼽히는 국제 무역항으로, 국내 수출입 화물의 대부분을 이곳에서 처리해요. 외국으로 가는 배를 타는 국제여객터미널도 있어요.

낙동강 하구의 삼각주 평야

'삼각주'란 바다로 흘러드는 강의 하구에 모래나 흙이 쌓여 형성되는 지형을 말해요. 낙동강 삼각주는 대부분 갈대숲이었는데, 둑을 쌓으면서 기름진 평야가 되어 곡창 지대로 바뀌었어요.

세계적인 부산 국제 영화제

부산 국제 영화제는 매년 가을에 남포동 극장가와 민락동 시네마 홀, 수영만 야외 특설 상영관 등에서 열려요. 이때는 다양한 영화를 상영하는 것뿐만 아니라 국내외의 유명한 영화배우, 감독, 평론가와 많은 관객이 모여 부산은 영화의 도시가 되지요.

신석기 유적 동삼동 패총

패총은 선사 시대에 사람들이 먹고 버린 조개껍질과 당시의 생활 쓰레기가 쌓여 이루어진 조개더미 유적이에요. 영도구의 동삼동 패총에서는 빗살무늬 토기와 짐승 뼈 등이 발견되었어요. 현재 각종 유물은 동삼동패총전시관에 전시되어 있어요.

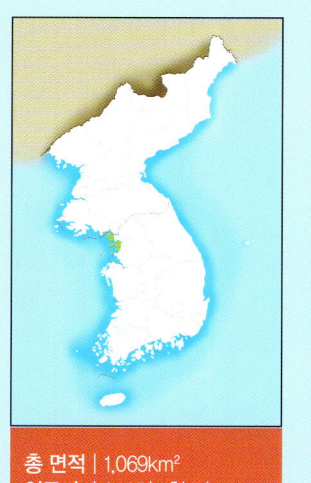

총 면적 | 1,069km²
인구 수 | 303만 1천 명
행정 구역 | 8개 구, 2개 군
시청 소재지 | 인천 남동구

인천광역시

인천은 삼국 시대에 '미추홀'이라고 불리다가 조선 시대에 인천이 되었어요. 황해에 접해 있는 인천광역시는 인천 국제공항과 인천항 국제여객터미널이 있어 대한민국의 관문이자 동아시아의 중심 도시로 발전하고 있어요.

문화유산	축제
초조본 유가사지론 가천 박물관	고려산 진달래 축제 강화군 4월
강화 전등사 대웅전 강화군	인천 대공원 벚꽃 축제 남동구 4월
강화 삼랑성 강화군	소래 포구 축제 남동구 9~10월
강화산성 강화군	미추홀 음식 문화 어울림 한마당 미추홀구 10월
강화 고려궁지 강화군	삼랑성 역사 문화 축제 강화군 10월
계양산성 계양구	인천 공항 스카이 페스티벌 중구 11월

우리나라 네 번째 큰 섬 강화도

강화도는 경기만에 있는 우리나라에서 네 번째로 큰 섬이에요. 원래 경기도에 속했으나 1995년 인천광역시에 편입되었지요. 고려 때 몽골군이 침략했을 때는 임시 수도 역할을 했고, 이후에도 많은 역사적 사건이 일어났던 곳이에요.

마니산 꼭대기에 있는 강화 참성단

강화도에서 가장 높은 마니산에는 단군이 하늘에 제사를 올리기 위해 쌓았다는 강화 참성단이 있어요. 고려와 조선 시대에도 이곳에서 제사를 드렸다고 해요. 참성단에서 바라보면 황해의 여러 섬이 그림같이 보이고 맑은 날에는 개성의 송악산까지 보여요. 지금도 매년 개천절에는 이곳에서 큰 제사를 드리고, 전국 체육대회의 성화도 이곳에서 채화하여 봉송해요.

세계문화유산 강화 고인돌 유적

강화도 고려산 기슭에는 청동기 시대의 고인돌 120여 기가 있어요. 특히 하점면 부근리에 있는 무게가 수십 톤

에 달하는 덮개돌을 올린 탁자식 고인돌이 유명해요. 강화도 고인돌 유적은 고창, 화순의 고인돌 유적과 함께 세계문화유산으로 지정되었어요.

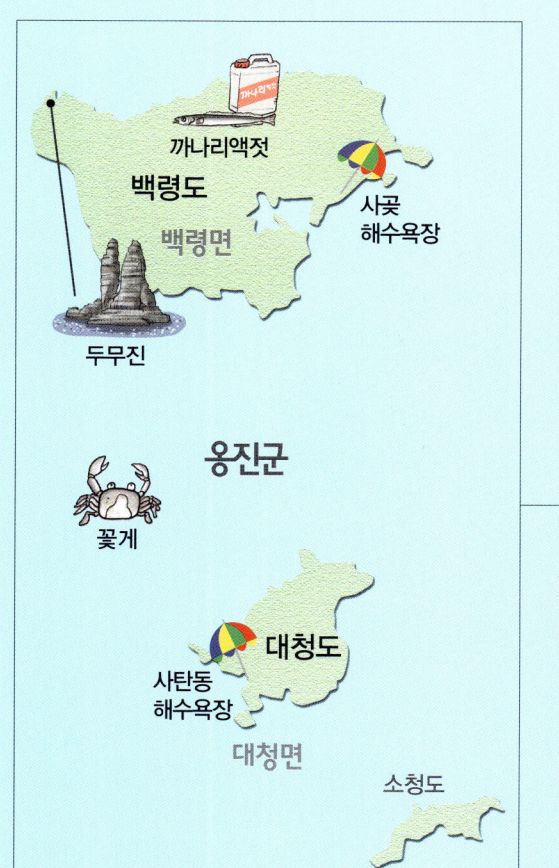

백령도 / 까나리액젓 / 백령면 / 사곶 해수욕장 / 두무진 / 옹진군 / 꽃게 / 대청도 / 사탄동 해수욕장 / 대청면 / 소청도

대연평 / 조개 / 연평면 / 꽃게 / 소연평도

옹진군 / 선미도 / 덕적도 / 소야 / 덕적면 / 서포리해수욕장 / 먹도 / 굴업도 / 문갑도 / 가도 / 각흘도 / 덕적군도 / 백아도 / 선갑도 / 악도 / 지도 / 울도

대구광역시

총 면적 | 1,499km²
인구 수 | 236만 명
행정 구역 | 7개 구, 2개 군
시청 소재지 | 대구 중구

우리나라 남동쪽 내륙에 위치한 대구광역시는 조선 시대부터 경상도의 중심 도시예요. 대구는 그동안 섬유 산업이 주였으나 현재는 기계 금속, 자동차, 전자 산업으로 개편되고 있어요. 2023년 7월부터 경상북도 군위군이 편입되어 특별·광역시 중 면적이 가장 넓은 광역시예요.

문화유산	축제
대구 달성 중구	대구 국제 섬유 박람회 북구 3월
대구 불로동 고분군 동구	비슬산 참꽃 문화제 달성군 4월
육신사 달성군	대구 동성로 축제 중구 5월
달성 삼가헌 고택 달성군	파워풀 대구 페스티벌 중구 5월
달성 조길방 고택 달성군	대구 약령시 한방 문화 축제 중구 5월
대구 향교 중구	대구 국제 뮤지컬 페스티벌 대구 일대 공연장 6~7월

경상북도

조선 시대 경상도의 양반집이야.

경상도를 다스리던 경상감영

조선 시대 경상도를 관할하던 지방 관청인 경상감영은 초기에 경주에 있었고 상주, 안동 등으로 이전했다가 선조 임금 때 대구로 옮겨 왔어요. 대구 중심에 위치한 경상감영지에는 조선 시대에 건립한 건물인 선화당과 징청각이 국가지정문화재로 지정되어 있어요.

보물로 지정된 선화당!

오랜 역사를 자랑하는 섬유 패션의 도시

대구는 우리나라 최대의 섬유 도시예요. 옷을 만들 때 쓰는 천을 생산하는 공장이 많고, 매년 국제 섬유 박람회를 비롯해 다양한 패션쇼와 박람회를 여는 등 국제적인 산업 도시로 커 나가기 위해 노력하고 있어요.

360년 전통의 대구 약령시

약령시는 한약 재료를 전문으로 팔고 사는 시장을 말해요. 360여 년의 역사를 지닌 대구 약령시는 조선 시대 최대의 시장이었어요. 전국의 한약재가 이곳으로 모였지요. 지금도 중구 남성로의 약전 골목에는 한약재를 파는 가게가 많이 있어요.

8점의 보물이 있는 팔공산 동화사

동화사는 대구의 대표적인 절답게 귀중한 문화유산이 많이 있어요. 동화사 입구 마애불좌상, 비로암 석조 비로자나불좌상, 비로암 삼층 석탑, 금당암 삼층 석탑, 당간지주, 석조 부도, 사명당대장진영, 대웅전이 모두 보물로 지정되어 있지요.

도동서원

현풍읍

광주광역시

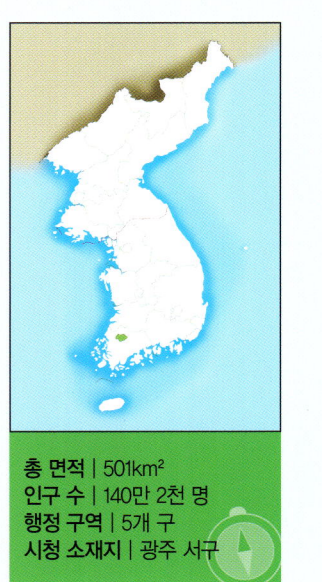

호남 지방 최대 도시인 광주광역시는 고려 시대 전까지 '무진주' 또는 '무주'라고 불리다가 고려 태조 임금 때 "영산강의 옛 이름인 극락강을 넘어야 도착할 수 있는 곳"이라 하여 빛고을 광주가 되었대요. 광주는 문화와 예술의 고장으로 아시아의 문화 중심 도시로 성장하고 있어요.

총 면적 | 501km²
인구 수 | 140만 2천 명
행정 구역 | 5개 구
시청 소재지 | 광주 서구

문화유산	축제
광양 중흥산성 쌍사자 석등 국립광주박물관	고싸움 놀이 축제 남구 2월
광주 증심사 철조 비로자나불 좌상 동구	임방울 국악제 광주 일대 공연장 9월
광주 지산동 오층 석탑 동구	광주 비엔날레 북구 짝수년 9~11월
광주 성거사지 오층 석탑 남구	광주 디자인 비엔날레 북구 홀수년 9~11월
광주 충효동 요지 북구	광주 추억의 충장 축제 동구 10월
김덕령 장군 의복 광주역사민속박물관	광주 김치 축제 서구 10월

국립공원으로 지정된 무등산

광주광역시 동쪽에 솟은 무등산의 정상 부근에는 서석대와 입석대, 규암 등 웅장하고 아름다운 바위들이 병풍처럼 둘러 있어요. 특히 비나 눈이 올 때 반짝이는 서석대를 보고 광주를 '빛고을'로 부르게 되었다는 전설이 있지요. 무등산은 2013년 국립공원으로 지정되었어요.

광주의 대표적인 절 증심사

무등산 서쪽 기슭에 위치한 증심사는 신라 때 철감선사가 지은 절로 대웅전을 비롯해 오백전, 지장전, 비로전 등의 건물이 있어요. 증심사에 있는 철조비로자나불좌상은 신라 때 만들어진 높이 90cm의 불상으로 부드러운 미소와 자비로운 모습이 돋보여요. 1963년 보물로 지정되었지요.

세계적인 미술 축제 광주 비엔날레

예로부터 문화와 예술의 고장으로도 잘 알려진 광주에서는 2년마다 광주 비엔날레가 열려요. 이 행사는 광주를 알리고 광주의 민주화 정신을 기억하기 위해 시작한 국제 미술 전람회예요. 지금은 세계 수십 개의 나라에서 많은 작가가 참여하는 세계적인 미술 축제로 자리 잡았어요.

정월 대보름에 즐기는 고싸움 놀이

고싸움 놀이는 짚으로 만든 '고'를 가지고 승부를 겨루는 놀이예요. '고'는 고름 등에서 온 말로서 한 가닥을 길게 빼어 둥근 모양으로 맺은 것을 뜻해요. 양쪽 고 위에 앉은 우두머리가 싸움을 지휘하며, 상대방의 고를 땅에 닿게 하는 편이 이기는 놀이예요. 이 놀이는 협동심을 다지고 풍년을 기원하는 뜻을 가지고 있어요.

자, 모두 앞으로 전진~

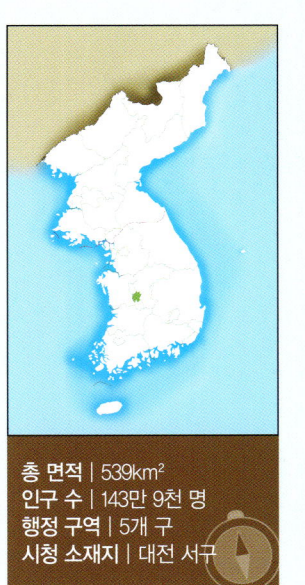

대전광역시

우리나라 국토의 중심에 위치한 대전광역시는 1905년 경부선이 개통되면서 근대 도시로 발전하기 시작했어요. 지금은 충청권에서 제일 큰 도시로 성장했지요. 교통의 중심지이자 대덕 연구 단지가 개발되었고, 국제 과학비즈니스벨트 거점 도시로 지정되어 과학 기술 국제도시로 발전하고 있어요.

총 면적 | 539km²
인구 수 | 143만 9천 명
행정 구역 | 5개 구
시청 소재지 | 대전 서구

문화유산	축제
둔산 선사 유적지 서구	대청호 벚꽃 축제 동구 4월
보문산성 중구	대전 사이언스 페스티벌 서구, 유성구 4월
계족산성 대덕구	유성 온천 문화 축제 유성구 5월
회덕 동춘당 대덕구	대전 효 문화 뿌리 축제 중구 9월
남간정사 동구	대전 서구 아트 페스티벌 서구 10월
도산 서원 서구	우암 문화제 동구 10월

충청남도

나라를 위해 목숨을 바친 분들이 잠들어 있어.

국립대전현충원

계룡산국립공원

 배

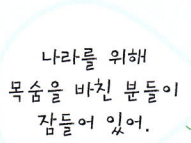 방울토마토

 딸기

온천과 과학 도시로 유명

유성 온천은 수질이 좋기로 유명해 많은 관광객이 찾고 있어요. 또 엑스포 과학 공원, 대덕 연구 단지, 한국 과학 기술원, 국립 중앙 과학관 등이 있어 대전은 과학 기술 도시로 발달하고 있지요.

우리나라 교통의 중심지 대전

대전은 거미줄과 같은 도로망과 고속도로, 고속철도가 교차하는 우리나라 교통의 중심지예요. 편리한 교통으로 인해 물류 산업과 상업이 발달하여 중부권의 중심 도시로 성장하고 있어요.

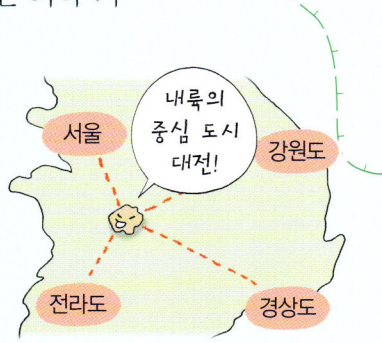

대전 사이언스 페스티벌

'과학의 날' 전후로 펼쳐지는 대전 사이언스 페스티벌은 학생들이 과학자의 꿈을 키우며 즐길 수 있는 과학 축제예요. 에베레스트 등정 기압 체험, 남극의 기후와 생활 체험, 우주 관련 100여 개 전시물 체험 등 재미있는 행사가 많아요.

우암 송시열 선생의 남간정사

남간정사는 우암 송시열 선생이 지은 건물로, 이곳에서 자신의 학문을 닦으면서 제자들도 가르쳤어요. 이 건물은 계곡에 있는 샘에서 흘러온 물이 대청 밑을 통해 연못으로 들어가게 지어 풍경이 아름다운 곳이지요.

울산광역시

총 면적 | 1,062km²
인구 수 | 109만 5천 명
행정 구역 | 4개 구, 1개 군
시청 소재지 | 울산 남구

우리나라 남동쪽 동해안에 접해 있는 울산광역시는 국내 최대의 공업 도시이자 제3의 항구 도시예요. 1960년대 국가 공단으로 지정되어 정유 공장을 비롯해 비료, 자동차, 조선 등의 공장이 들어서면서 우리나라 최대의 중화학 공업 도시로 빠르게 성장했어요.

문화유산	축제
천전리 공룡 발자국 화석 울주군	간절곶 해맞이 축제 울주군 1월
울주 석남사 승탑 울주군	울산 쇠부리 축제 북구 5월
은현리 적석총 울주군	태화강 국가 정원 봄꽃 축제 중구 5월
울주 간월사지 석조 여래 좌상 울주군	울산 옹기 축제 울주군 5월
언양읍성 울주군	울산 고래 축제 남구 9월
울산 동헌 및 내아 중구	울산 공업 축제 울산 전역 10월

알프스처럼 아름다운 영남 알프스

울산 서쪽에는 문복산, 가지산, 능동산, 신불산 등 유럽의 알프스처럼 아름답다는 '영남 알프스'가 남북으로 이어져 있어요. 또 태화강과 회야강 하구는 항구가 들어서기 좋고 공업용으로 쓸 수 있는 물도 풍부해 공업 도시로 성장하는 데 큰 도움이 되었지요.

우리나라 대표적인 중공업 도시

울산은 가까운 부산, 포항 등과 함께 남동 임해 공업 지역에 속해요. 배를 만드는 조선소와 자동차 공장 등이 세워지면서 우리나라에서 가장 대표적인 중공업 도시로 성장했어요.

고래잡이로 유명했던 장생포

울산 장생포는 예로부터 고래잡이의 중심 항구로 유명했어요. 하지만 세계 여러 나라가 고래를 잡는 포경업을 금지하면서 장생포 경제는 쇠퇴하기 시작했지요. 더욱이 울산 앞바다에 공단이 만들어진 후 바닷물이 오염되자 어업도 많이 줄었어요.

반구대와 천전리 암각화

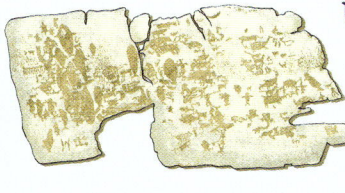

반구대 암각화는 선사 시대 사람들이 사냥을 안전하게 할 수 있기를 바라는 마음으로 바위에 새긴 그림이에요. 이 암각화는 당시의 생활과 풍습을 알 수 있는 최고의 작품인데, 상류에 댐을 만들면서 물이 불어나면 물에 잠겨요. 천전리 암각화(오른쪽 사진)는 신석기 시대에 암벽에 그림과 글씨를 새긴 것으로 역사 연구에 큰 도움이 되고 있어요.

북한

총 면적 | 약 12만 3,443km²
인구 수 | 약 2,594만 명
행정 구역 | 1개 직할시, 3개 특별시, 9개도
수도 | 평양직할시

북한은 한반도 북쪽 지역을 이르는 말로, 1953년 한국 전쟁 중 정전 협정에 따라 분리된 곳이에요. 북한은 우리나라 영토의 일부이나 지금은 서로 오갈 수 없는 처지가 되었어요. 하루라도 빨리 통일이 되어 모두 하나가 되는 것이 우리 민족의 소망이에요.

북한에서 쓰고 있는 도·시·군

문화유산		명승지	
검은모루 동굴	평양직할시	삼지연	양강도
고구려 고분군	평양직할시	금강산	강원도
동명왕릉	평양직할시	묘향산	평안북도
진흥왕 순수비	함경남도	칠보산	함경북도
왕건 왕릉	개성특별시	구월산	황해남도
선죽교	개성특별시	박연 폭포	개성특별시

휴전선으로 갈라진 한반도

조선 시대까지는 한반도 전체가 우리나라 땅이었으나, 1950년 북한이 일으킨 한국 전쟁으로 인해 우리 민족은 휴전선(군사분계선)으로 서로 갈라서게 되었어요. 우리 모두가 통일을 위해 힘을 합쳐야 해요.

한반도에서 가장 높은 백두산

백두산(2,744m)은 한반도에서 가장 높은 산으로, 단군이 내려온 곳이라는 전설이 전해져요. 꼭대기에 있는 천지는 화산이 폭발한 후 생긴 호수인 칼데라호예요. 화산이 폭발하면서 남긴 하얀 가루가 정상 부근에 쌓여 산이 하얗게 보인다 해서 '백두산'이라 부르게 되었어요.

1만 2천 개 봉우리가 있는 금강산

금강산은 세계적인 명산이에요. 최고봉인 비로봉을 중심으로 1만 2천 개의 봉우리가 바위산을 이루고 있고, 곳곳에 폭포와 연못이 어우러져 경치가 무척 아름다워요.
사슴을 구해 준 나무꾼이 사슴의 도움으로 선녀와 인연을 맺었다는 《선녀와 나무꾼》 이야기가 바로 금강산의 대표적인 전설이지요.

봉산 탈춤과 북청 사자놀음

봉산 탈춤은 황해도 봉산 지방에 전해 내려오는 가면극이에요.
예로부터 황해도의 5일장 장터에서 탈춤놀이가 벌어졌는데, 그중 봉산 지역의 탈춤놀이가 유명해요. 함경도 북청 사자놀음은 정월 대보름에 귀신을 쫓기 위해 사자탈을 쓰고 놀던 민속놀이예요.

통일이 되어야 우리 가족이 만날 수 있을 텐데….

평양과 신의주는 북한의 주요 공업 지역

평양은 고구려의 도읍지였어.

경상도

경상북도 | 우리나라에서 면적이 가장 넓고, 신라 천 년의 도읍지 경주가 있어요.

경상남도 | 가야 문화의 중심지로, 남쪽에는 아름다운 해상 국립공원이 있어요.

부산광역시 | 우리나라 제2의 도시이며, 국내 최대의 무역항인 부산항이 있어요.

대구광역시 | 조선 시대부터 경상도 지방의 중심 도시예요.

울산광역시 | 우리나라 최대의 공업 도시이자 제3의 항구 도시예요.

제주도

제주특별자치도 | 우리나라에서 가장 큰 섬으로, 화산 활동으로 만들어져 기생 화산이 많아요.

수도권

서울특별시 | 대한민국의 수도이자 가장 큰 도시로 정치, 경제, 사회, 문화의 중심지예요.

경기도 | 서울과 함께 수도권을 형성하고, 한강을 중심으로 북부와 남부로 나뉘어요.

인천광역시 | 국제공항과 국제여객터미널이 있어 동아시아의 중심 도시로 발전하고 있어요.

충청도

충청북도 | 우리나라 중앙부에 위치하며, 유일하게 바다가 없는 내륙도예요.

충청남도 | 옛날 백제의 땅으로 백제의 문화 유적이 많이 분포되어 있어요.

대전광역시 | 충청권에서 제일 큰 도시이자 교통의 요지이며, 과학 기술의 도시예요.

세종특별자치시 | 2012년에 출범한 행정 중심 복합 도시로 정부 세종 청사가 있어요.

전라도

전라북도 | 지평선을 볼 수 있는 가장 넓은 호남평야가 펼쳐져 있어요.

전라남도 | 해안선의 드나듦이 심하고, 전국에서 섬이 가장 많은 도예요.

광주광역시 | 문화와 예술의 고장으로, 아시아의 문화 중심 도시예요.

찾아보기

ㄱ

강릉 오죽헌	8
강원특별자치도	8
강진 청자 박물관	17
강화 고인돌 유적	26
강화도	26
검은모루 동굴	37
경기도	6
경복궁	4
경상감영	28
경상남도	20
경상도	39
경상북도	18
경주 역사 유적지구	18
고려궁지	27
고싸움 놀이	30
고창 고인돌 유적	14
관동 지방	8
광주 비엔날레	30
광주 신창동 유적	31
광주 충효동 요지	31
광주광역시	30
광한루원	15
군위 아미타여래 삼존 석굴	29
국립 5.18 민주 묘지	31
국립 수목원	7
국립 중앙 과학관	33
국토 정중앙탑	9
궁남지	13
금강산	36
김제 벽골제	15
김제 지평선 축제	14
김포평야	7

ㄴ

나진선봉 자유 경제 무역 지대	37
낙산사	9
낙안읍성	17
남간정사	32
남한산성	7
내포	12
논개사당	15

ㄷ

다도해 해상 국립공원	17
다산초당(강진 정약용 유적)	17
단양 신라 적성비	11
단재 신채호 선생 생가지	33
달구벌	29
달성 삼가헌 고택	28
대구 방짜유기 박물관	29
대구광역시	28
대전 사이언스 페스티벌	32
대전광역시	32
도산 서원	19, 33
도자기 축제	6
독도	18
독립 기념관	13
돌하르방	22
동삼동 패총	24
동화사	28

ㄹ, ㅁ

리아스식 해안	16
마라도	22
마이산	15
만	6
모란 민속 5일장	7
무등산	30
무등산 수박	31
무령왕릉	12
무주 반딧불 축제	15
문경 석탄 박물관	18
문경새재	10
미륵사지 석탑	14

ㅂ

반구대 암각화	34
반도	6
백두산	36
백록담	23
백제 문화제	13
범어사	25
보문사	27
보은 법주사 팔상전	11
봉산 탈춤	36
부산 국제 영화제	24
부산 자갈치 축제	25
부산광역시	24
부산항	24
부석사	19
부여 정림사지 오층 석탑	13
북부 지방	38
북청 사자놀음	36
북한	36
북한산	4
북한산 진흥왕 순수비지	5
불국사	19
비무장 지대	9
비슬산 참꽃 문화제	29

ㅅ

산굼부리	23
삼각산	4
삼각주 평야	24
삼남	12
삼방협곡	37
삼성혈	23
삼지연	37
상원사	9
서산 버드랜드 철새 기행전	12
서울 암사동 유적	5
서울특별시	4
석굴암	19
석호	8
선릉	5
선죽교	37
설악산	8
성산 일출봉	23
소래 포구	27
소쇄원	17
소수 서원	19
수도권	39
수원 화성	6
숭례문	4
신도시	6
신두리 해안사구	12
신의주 공업 지구	36

ㅇ

안동 국제 탈춤 페스티벌	19
안동 하회 마을	18
안면도	12
안성맞춤 남사당 바우덕이 축제	7
안악 3호분	36
약령시	28
양양 오산리 유적	9
엑스포 과학 공원	33
연천 전곡리 유적	7
영남 알프스	34
영동 지방	8
영서 지방	8
옻골 마을	29
왕건 왕릉	37
용두암	23
용문사	7
우포늪	21
울릉도	19
울산광역시	34
울산 옹기 축제	35
월정사	9
위성도시	6
유성 온천	32
을숙도 철새 도래지	24
의림지	11
인천 국제공항	27
인천광역시	26
일산동 별신굿	35
입석대	31

ㅈ

장릉	9
장생포	34
전등사	27
전라남도	16
전라도	39
전북특별자치도	14
정방폭포	23
정선 아리랑제	9
정이품송	10
제주 어음리 빌레못 동굴	22
제주도	39
제주 민속촌	23
제주특별자치도	22
종묘	5
중강진	37
증심사	30
직지심체요절	10
진다리 붓	31
진도	16
진해 군항제	21

ㅊ

차이나타운	27
참성단	26
창녕 신라 진흥왕 척경비	21
창덕궁	5
채석강	14
처용암	35
천왕봉	20
천전리 공룡 발자국 화석	35
천전리 암각화	34
천지	37
천지연 폭포	23
청학동	20
촉석루	21
충주 고구려비	11
충주호	11
충청남도	12
충청도	39
충청북도	10
치술령 망부석	35
칠보산	37

ㅌ

탄금대	11
태종대	25
통영 한산 대첩 축제	21
통일전망대	9
투막집	19

ㅍ

판문점	7
팔만대장경	20
평양성	36
풍납토성	5

ㅎ

한강	4
한라산	23
한려수도	20
한밭	33
한산 세모시	13
해남 우항리 공룡 화석지	17
해미읍성	12
해인사 대장경판	20
행주산성	7
현충사	13
현충원	5
호남평야	14
화개장터	20
화문석	27
화순 고인돌 유적	17
화엄사	17
휴전선(군사분계선)	36

※이 책의 각 시·도별 면적(2024)은 국토교통부 〈행정구역별 국토 면적〉을, 인구수(2025)는 행정안전부의 〈주민등록 인구〉를 기준으로 하여 정리했습니다.

※각 시·도별 축제 정보는 자치 단체별로 시기가 변경되기도 하므로 방문 시 축제 시기를 재확인해야 합니다.

글 민병준

충남대학교에서 국어국문학을 전공하고, 기자와 프리랜서 작가로 활동하며 30여 년 동안 우리 국토를 방방곡곡 답사했습니다.
월간 〈사람과 산〉 등 월간지의 편집장을 거쳐 현재 프리랜서 작가로 활동하고 있으며 꾸준히 백두대간 주변의 문화유산을 답사하고 있습니다.
지은 책으로 《해설 대동여지도》, 《한글 대동여지도》, 《한 권으로 보는 그림 한국지리 백과》, 《백두대간 가는 길》,
《한국의 아름다운 강》 등이 있습니다.

지도 최선웅

1969년 국내 최초의 산악전문지인 월간 〈등산〉(현재의 월간 〈산〉)을 창간했으며, 1974년 지도 제작에 입문해
(주)매핑코리아 대표이사, 계간 〈고지도〉 편집장을 거쳐 현재 한국지도학회 고문, 한국고지도연구학회 회원,
한국지도제작연구소 대표로 활동 중입니다.
지은 책으로는 《2009년 검정 중학교 사회과부도》, 《해설 대동여지도》, 《한글 대동여지도》, 《한 권으로 보는 그림 한국지리 백과》,
《한 권으로 보는 그림 세계지리 백과》, 《한눈에 펼쳐보는 세계 지도 그림책》, 《한눈에 펼쳐보는 대동여지도》,
《전국 유명 등산지도 200산》, 《신 한국 관광여행》, 《백두대간 수첩》, 《100명산 수첩》 등이 있습니다.

그림 구연산

만화예술을 전공했으며, 프리랜서 일러스트레이터로 우만연 자유크로키 모임, 제3시각 그림책 모임에서 활동하고 있습니다.
그린 책으로는 《한 권으로 보는 그림 한국지리 백과》, 《조선 시대에는 어떤 관청이 있었을까?》,
《생각의 스위치를 켜라 14살 철학소년》, 《부자 마인드》, 《병원에 간 명탐정 홈즈》, 《happy book》 등이 있습니다.

한눈에 펼쳐보는
우리나라 지도 그림책

초판 1쇄 · 2009년 12월 22일 개정판 5쇄 • 2024년 10월 18일 개정2판 1쇄 • 2025년 6월 10일 개정2판 2쇄 • 2025년 10월 1일
글 · 민병준 지도 · 최선웅 그림 · 구연산 발행인 · 허진 발행처 · 진선출판사(주)
편집 · 김경미, 최윤선, 최지혜 디자인 · 고은정 총무 / 마케팅 · 유재수, 나미영, 허인화
주소 · 서울시 종로구 삼일대로 457 (경운동 88번지) 수운회관 15층 전화 (02)720-5990 팩스 (02)739-2129 홈페이지 www.jinsun.co.kr
등록 · 1975년 9월 3일 10-92 ※책값은 뒤표지에 있습니다. ISBN 979-11-93003-75-6 74000 ISBN 978-89-7221-634-6 (세트)
ⓒ 진선출판사(주), 2009, 2023, 2025

진선아이 는 진선출판사의 어린이책 브랜드입니다.
마음과 생각을 키워 주는 책으로 어린이들의 건강한 성장을 돕겠습니다.